Niels Kjær og Silas Thaysen Kjær

1001 dags eventyr

IK Skovbakken Herrefodbolds
første 1000 divisionskampe – og den næste...

Books on Demand

Niels Kjær og Silas Thaysen Kjær
1001 dags eventyr: IK Skovbakken Herrefodbolds første 1000 divisionskampe – og den næste...

Forlag: BoD - Books on Demand, København, Danmark
Fremstilling: BoD - Books on Demand GmbH - Norderstedt, Tyskland
ISBN 978-87-7170-255-2

Fotografiet på omslagets forside er udført af Silas Thaysen Kjær og stammer fra IK Skovbakkens divisionskamp nummer 990 mod Ringkøbing IF. En kamp, der blev spillet den 13. juni 2015, og som endte med en 3-1 sejr til IK Skovbakken. Fotografierne på side 31 og 36 stammer ligeledes fra denne kamp og er udført af Silas Thaysen Kjær. Også portrætfotografiet på side 17 af Erik Bach Nielsen er udført af Silas Thaysen Kjær.

Bogen er tilegnet alle spillere, trænere og ledere på og omkring IK Skovbakkens divisionshold gennem tiderne.

Forord

I 1960 skrev en 11-årig dreng til *Tipsbladet* og spurgte, om bladet kunne fortælle lidt om jyllandsserieholdet *IK Skovbakkens* forhistorie. Denne dreng var *mig*. Tipsbladet svarede venligt og skrev om, hvordan oprykningen til Danmarksturneringen var glippet flere gange. Men så trøstede man mig med, at det nu – i 1960 – så ud til at gå bedre. Bladet sluttede med den dristige forudsigelse, at det måske ikke ville vare længe, inden IK Skovbakken var at finde i 1. division[1] – med mig som målmand mellem stængerne!

Tipsbladet levede i ret høj grad op til sit navn. Allerede året efter (i 1961) var IK Skovbakken at finde som divisionsklub, og i november 1977 sikrede klubben sig på Amager oprykning til 1. division – ikke med mig "mellem stængerne",

---

[1] Indtil 1991 var 1. division landets bedste fodboldrække, 2. division var den næstbedste og 3. division den tredjebedste. Efter 1991 er Superligaen den bedste række, 1. division kun den næstbedste og 2. division den tredjebedste.

men dog med mig som lykkelig fan "på lægterne" den dag i Sundby Idrætspark.

Det er gået op og ned i 55 år, men den 3. oktober 2015 spiller IK Skovbakken ifølge DBU's officielle statistikere sin divisionskamp nummer 1000. Jeg overværede sammen med min far de allerførste kampe i foråret 1961, og jeg er stadig fra tid til anden tilskuer. Nu sammen med min søn Silas, der i dag – 12 år gammel – har nøjagtig den alder, jeg selv havde, da det første eventyr blev fortalt. Silas og jeg har sammen ønsket at markere det flotte 1000 kamps jubilæum med denne lille bog[2].

Juli 2015, Niels Kjær

---

[2] Kilderne til bogen er *Skovbakkens Sangbog* (Arbejderpartiets Bogtrykkeri, 1945), *Idrætsklubben Skovbakken 1927-1952* (Trøjborg Bogtrykkeri, 1952) og *75 år: Idrætsklubben Skovbakken 1927-2002* (Børge Møllers Grafiske Hus, 2002). Endvidere artikler i de lokale dagblade, *Tipsbladet* og Skovbakkens klubblad *Målet*. Endelig er følgende websites benyttet: www.skovbakkenfodbold.dk, www.ligabold.dk og www.danskfodbold.com.

Forhistorien

IK Skovbakken blev stiftet den 23. april 1927 på et møde i Pavillonen i Riis Skov, det nuværende Danhostel Aarhus. Navnet hænger sammen med, at formanden for AAB's første afdeling i Aarhus, *Kresten Kaasgaard* fra "Villabyen Skovbakken", var initiativtager til mødet og blev valgt til idrætsklubbens første formand. I øvrigt et hverv Kaasgaard varetog i 35 år – helt frem til 1962. Klubben fik bane på en nærliggende toft ved Marienlund, og de fleste medlemmer kom da også i begyndelsen fra boligforeningerne AAB og Marienlund.

Pavillonen i Riis Skov, hvor IK Skovbakken blev stiftet

I 1939-1940 flyttede Skovbakken til Riisvangens Stadion, der ligger mellem Bethesdavej og Hans Egedes Vej i Aarhus Nord, og klubben udviklede sig nu til at blive en magtfaktor i aarhusiansk og dansk idræt med udøvere i en række forskellige idrætsgrene. Her vil vi dog holde os til fodbolden.

I 1943 rykkede Skovbakken for første gang op i den jyske mesterrække (Jyllandsserien), som dengang befandt sig lige under DBU's divisioner, kaldet Danmarksturneringen. Efter at have vundet sydkredsen i 1946 manglede der kun en enkelt kvalifikationskamp mod Herning, vinderen af nordkredsen, før Skovbakken i 1947 måske for første gang kunne kalde sig divisionshold. Desværre glippede det. Kvalifikationskampen blev tabt 0-1 efter forlænget spilletid, og dette blev indledningen til 14 års "ørkenvandring", hvor Skovbakken blev kendt som "den evige toer" i Jyllandsserien. Endelig i 1960 lykkedes det. Skovbakken vandt Jyllandsseriens sydkreds og rykkede op i DBU's Kvalifikationsturnering, som også blev kaldt 4. division. De to bærende kræfter på Skovbakkens første storhold var anføreren *Poul Jørgen Jensen*, der frem til 1964 spilede 321 kampe i den gule trøje, og topscoreren *Leif Johansen*, der i perioden 1953-1966 nåede 317 kampe.

1961-1973: De første 287 divisionskampe

4. division (Kvalifikationsturneringen) var en benhård række at rykke op i. Den bestod af 12 hold: To nedrykkere fra det tidligere års 3. division, tre overlevende hold fra det tidligere års 4. division og syv oprykkere fra lokalunionernes syv serier. Når de 22 kampe var spillet i 4. division, var der to oprykkere, syv nedrykkere og kun tre hold, som fortsatte i det kommende års 4. division.

Skovbakken fik heldigvis en drømmestart på den nye tilværelse som divisionshold. Søndag den 19. marts 1961 debuterede de blågule med en 1-0 sejr over Nyborg. I den næste hjemmekamp, der blev spillet skærtorsdag den 30. marts, sejrede Skovbakken med hele 9-0 over Slagelse (det nuværende FC Vestsjælland), hvilket stadig er den største Skovbakken-sejr i samtlige 1000 divisionskampe. Inden sæsonens 22. og sidste kamp lå Skovbakken på rækkens førsteplads, men tæt forfulgt af Silkeborg IF og Svendborg BK. En sejr over Kastrup BK var nødvendig for at sikre oprykningen, og den kom heldigvis i hus, kort før dommerens slutfløjte lød på et stuvende fuldt Riisvangens Stadion: Sejr på 2-1 til Skovbakken og dermed oprykning til 3. division!

Herefter fulgte seks sæsoner (1962-1967) som 3. divisionshold. Allerede i 1963 var det tæt på oprykning til 2. division, men det glippede desværre til sidst. Til gengæld så situationen helt håbløs ud i 1967. Frederikshavn førte 3. division fra sæsonstarten til og med 21. spillerunde, og de havde faktisk allerede fejret oprykningen, men efter en helt fantastisk slutspurt kastede Skovbakken sig i den 22. og sidste spillerunde et mulehår foran Frederikshavn og sikrede sig oprykningen. For at føje spot til skade besejrede Skovbakken samme efterår i DBU's landspokalturnering Frederikshavn med 2-0 (efter forlænget spilletid) og nåede helt til kvartfinalen, hvor de dog efter en meget flot kamp tabte 1-3 til de nykårede Danmarksmestre fra AB. IK Skovbakken havde nu for alvor overtaget rollen som nummer 2 i Aarhus efter "storebror" AGF, en rolle som AIA ellers havde haft i 1950'erne og begyndelsen af 1960'erne. Kendte spillere fra dette andet storhold var blandt andre *Flemming "Fessor" Jensen* og topscoreren *Ole Larsen*. Den tidligere anfører *Poul Jørgen Jensen* var i øvrigt nu blevet klubbens træner.

Opholdet i 2. division blev desværre kortvarigt. Allerede i 1968 rykkede Skovbakken ned igen, og herefter fulgte endnu fem sæsoner i 3. division. IF Fuglebakken (senere IHF), en ny komet på den aarhusianske fodboldhimmel, havde samtidig overtaget rollen som byens nummer 2 og truede endda en kort overgang med at vælte AGF af tronen. Det var også i denne periode IK Skovbakken flyttede fra Riisvangen til det nye Vejlby-Risskov Center – en flytning, der kostede mange kræfter, men som på sigt viste sig at være en klog beslutning. I første omgang sluttede det dog for Skovbakken med endnu en nedrykning i 1973 – nu til Danmarksserien. Efter 13 sæsoner mistede Skovbakken altså sin status som divisionsklub.

De første 287 divisionskampe resulterede i 114 sejre, 63 uafgjorte og 110 nederlag.

1975-79: Guldalderens 150 divisionskampe

Efter blot en enkelt sæson i Danmarksserien vendte IK Skovbakken i foråret 1975 tilbage til 3. division. *Rolf Hjernøe* blev ansat som ny træner for holdet. Han kom fra AGF og medbragte herfra en håndfuld spillere, der blev blandet med IK Skovbakkens egne veteraner og en række unge talenter fra klubbens ungdomshold. Da det nye hold efter et stykke tid var sammenspillet, betød det en *guldalder*, der ikke er set hverken før eller siden i Skovbakken. Anført af veteranerne *Knud Andersen, Flemming "Fessor" Jensen* og *Poul Erik Pedersen* samt de unge *Henrik Bechmann, Klaus Goeg, Ove Sass Hansen, Søren Skouborg* og *Erik Bach Nielsen* lå klubben allerede i foråret 1975 i toppen af 3. division, og sæsonen sluttede med en femteplads. I 1976 valgte Skovbakkens top-scorer Henrik Bechmann at skifte til AGF, men i stedet fik ynglingespilleren *Lars Lundkvist* sin debut. Træneren Rolf Hjernøe ville gerne spille angrebsfodbold, og i 1976 scorede Skovbakken hele 78 mål og blev en sikker vinder af 3. division. Blandt andet vandt klubben en 6-0 sejr over Brøndby IF! Lars Lundkvist blev – kun 19 år gammel – topscorer med 23 mål.

Nu var IK Skovbakken tilbage i 2. division for første gang siden 1968. Skeptikerne frygtede, at det ikke ville gå bedre end sidst, men de blev hurtigt gjort til skamme. Nye på holdet var *Jørgen Nielsen*, med en fortid i Vejle Boldklub, og den kun 18 år gamle angriber *Per Beck Andersen*. Skovbakken satsede stadig på angrebsfodbold og lå efter forårssæsonen på en højst overraskende andenplads efter 9 sejre og 31 scoringer. Denne placering blev fastholdt i hele efteråret. IK Skovbakkens sluttede på andenpladsen, og Lars Lundkvist blev topscorer i 2. division med 26 mål. Oprykningen kom endegyldigt i hus søndag den 6. november 1977 i Sundby Idrætspark på Amager.

Skovbakkens guldalderhold

Præcis 50 år efter at IK Skovbakken blev stiftet, var klubben for første gang nogensinde at finde i landets bedste fodboldrække.

IK Skovbakkens oprykning til 1. division faldt sammen med indførslen af betalt fodbold i Danmark. Skovbakken og klubbens fodboldformand *K.O. Pedersen* var oprindeligt stærke modstandere af professionelle tilstande i dansk fodbold, men tvunget af omstændighederne ændrede man standpunkt. For at sikre klubben mod en eventuel konkurs blev der stiftet et anpartsselskab, og i december 1977 blev de første kontrakter underskrevet. Skovbakken besluttede at skrive kontrakt med ca. 15 spillere, der skulle have samme løn, nemlig et grundbeløb på 6000 kr. om året + 100 kr. pr. point + 10 øre pr. tilskuer. Det blev det første år til ca. 20.000 kr. for hver af spillerne. Men selv denne "tiøresprofessionalisme" skulle vise sig vanskelig at administrere. Anpartsselskabet gav underskud, og for at redde holdet måtte K.O. Pedersen gå tiggergang hos klubbens sponsorer. Også siden har det vist sig vanskeligt for Skovbakken at have kontraktspillere ansat på et fornuftigt økonomisk grundlag, og de seneste 15 år har klubben derfor ikke søgt om licens.

Men nu tilbage til 1978 og "betalt fodbold" i Danmarks nye 1. divisionsklub, IK Skovbakken. Klubben skrev kontrakt med to nye spillere, nemlig *Steffen Petersen* fra AGF og *Erik Busk Jensen* fra Randers Freja. Som led i forberedelserne spillede Skovbakken en række træningskampe, bl.a. 1-1 mod det danske A-landshold og – på en tur til Israel – ligeledes 1-1 mod Israels OL-landshold.

Sæsonstarten 1978 blev helt forrygende for IK Skovbakkens talentfulde hold, der efter tre års uafbrudt succes kulminerede dette forår og blev den helt store sensation i 1. division. Efter de tre første runder lå Skovbakken på andenpladsen med to sejre og én uafgjort og en målscore på 6-0. Og da forårssæsonen var færdigspillet, var Skovbakken efter sejre over blandt andre de forsvarende mestre fra OB (2-1) og de tidligere mestre fra KB (3-0) og Køge (4-0) stadig at finde blandt topholdene. Lars Lundkvist var forårets topscorer i 1. division med 13 mål, og det blev belønnet med debut på A-landsholdet – IK Skovbakkens første landsholdsspiller. Flere klubber i både ind- og udland viste interesse for træner Rolf Hjernøe og spillere som Lars Lundkvist og Per Bech Andersen. Men også forsvarsklippen Erik Bach Nielsen optrådte flere gange i aviserne på "ugens hold" og "månedens hold". Man begyndte så småt at drømme om medaljer og om mulig deltagelse i de europæiske klubturneringer.

En af forklaringerne på Skovbakkens succes var det fast sammentømrede hold, der stort set havde undgået skader, og som nu var sammenspillet gennem 3 ½ år. Dette ændrede sig desværre i efteråret 1978, hvor modgangen ramte holdet i form af flere skader. IK Skovbakken sluttede derfor ikke sin første sæson i 1. division helt i toppen, men på en plads midt i tabellen blandt de 16 hold. Lars Lundkvist blev nummer to på divisionens topscorerliste med 19 mål.

Modgangen fortsatte i 1979. Holdet blev især i efterårssæsonen ramt af mange skader. Det viste sig nu, at spillertruppen var for smal til at klare en sådan situation. Økonomien i en traditionel breddeklub som Skovbakken var simpelthen ikke til de store spillerindkøb. Magien manglede vel også, og mange kampe, der måske kunne have været vundet, sluttede i stedet uafgjort. Blandt andet endte lokalopgøret den 5. september 1979 mod AGF 1-1. Efter 4 sejre, 11 uafgjorte og 15 nederlag i 30 kampe sluttede Skovbakken i sæsonen 1979 næstsidst i tabellen og måtte derfor rykke ned i 2. division. Klubben kunne efter fem fantastiske år konstatere, at træerne trods alt ikke voksede ind i himlen.

STK og NK interviewer Erik Bach Nielsen, som i de gyldne år spillede 204 kampe for IK Skovbakken

STK: *Hvornår begyndte du at spille fodbold, og hvor havde du spillet før du i 1975 kom til IK Skovbakken?*
EBN: Jeg begyndte først at spille fodbold i 1963, da jeg var ni år gammel. Det var i Skødstrup SF, og her spillede jeg helt ind til 1974, de sidste år som senior i serie 4. Efter sommerpausen 1974 prøvede jeg lykken i AGF, hvor jeg spillede nogle kampe på 2. og 3. holdet under træneren *Rolf Hjernøe*. Da Rolf i 1975 blev

træner for Skovbakkens nyoprykkede 3. divisionshold, flyttede jeg lige som flere andre AGF'ere, fx *Ove Sass Hansen*, med ham til Skovbakken.

NK: *Fortæl lidt om dine første år i IK Skovbakken (1975-1977), hvor I jo spillede i henholdsvis 3. og 2. division!*
EBN: Rolf Hjernøe var en fantastisk træner. Vi fik lov til at træne meget og kom i en rigtig god fysisk form, så vi ofte kunne vinde vores kampe i de sidste 20 minutter. Samtidig var træningen ikke kedelig, den foregik mest med bold. Rolf praktiserede som den første i Danmark en slags "totalfodbold", hvor vi angreb og forsvarede med alle mand. Jeg var selv mest forsvars- og midtbanespiller, men jeg har faktisk prøvet at spille alle positioner på holdet, selv målmand i en træningskamp. Vores hold bestod af tre veteraner (målmanden *Knud Andersen*, anføreren *Flemming Jensen* og *Poul Erik Pedersen*) og så en række unge talenter, der skulle spilles sammen. Allerede i 1975 var vi tæt på at rykke op i 2. division, men tabte de altafgørende topopgør. Dem vandt vi så til gengæld året efter – i 1976 – hvor vi sikrede os oprykning til 2. division. De fleste troede, at vi ville få svært ved at klare os i 2. division, men vi overraskede alt og alle ved at gå lige gennem rækken. Oprykningen til 1. division kom i hus i november 1977 på Amager i en kamp, som

vi faktisk tabte. Det var en lidt sær fornemmelse, men det var jo en lang række sejre i hele sæsonen, der gav os oprykningen, så den var fortjent nok.

NK: *Hvad var efter din mening styrken på jeres hold?*
EBN: Jeg har allerede nævnt Rolf Hjernøe, som betød rigtig meget for holdet. Men også de andre ledere og hjælpere omkring holdet gjorde en fantastisk indsats. Samtidig havde vi mange gode spillere, der holdt sammen i flere år, så vi undgik en masse rokader og udskiftninger. Jeg spillede fx selv 162 kampe i træk. Kammeratskabet og sammenholdet var helt i top. Skovbakken var en rigtig god klub at spille i!

NK: *Betalt fodbold blev jo indført samtidig med, at I kom op i 1. division. Hvordan oplevede du den situation?*
EBN: Dengang spillede de fleste af os ikke for pengenes skyld – der var heller ikke tale om de helt store beløb. I Skovbakken fik alle spillerne den samme betaling, så vi undgik forskelsbehandling og misundelse.

NK: *Fortæl lidt om tiden i 1. division og tiden derefter!*
EBN: Vi fik jo en helt fantastisk start i 1. division og lå fx foran AGF hele foråret. Desværre var vi både i efteråret 1978 og i store dele af 1979 ramt af skader. Vores trup var nok ikke helt bred nok til at klare den situation. Vores reserver på andetholdet spillede helt

nede i serie 1. Det betød jo, at vi i 1979 endte med at rykke ned i 2. division. Derefter fik jeg selv en skade, der satte mig ud af spillet i næsten to år, inden jeg vendte tilbage til holdet. Her havde jeg blandt andet den oplevelse at spille sammen med *Lars Bastrup*. Han var en helt utrolig god spiller og scorede nærmest efter behag. Jeg sluttede med fodbold på topplan i 1985, da vi spillede i 2. division.

STK: *Spiller du stadig fodbold i din fritid – for sjov?*
EBN: Nej, ikke mere. Det kan mine knæ ikke holde til. Nu holder jeg mig i form ved at cykle en del, ved at svømme, og ved – fra tid til anden – at vandre i bjerge.

Guldalderens 150 divisionskampe resulterede i 65 sejre, 36 uafgjorte og 49 nederlag.

Vejlby Stadion, IK Skovbakkens hjemmebane siden 1970

1980-1990: Op og ned i 314 divisionskampe

Efter nedrykningen til 2. division måtte IK Skovbakken i 1980'erne vænne sig til topfodbold på et lidt lavere niveau. Den første sæson sluttede med en placering midt i tabellen, mens Skovbakken i de næste tre sæsoner lå i den nederste halvdel af de 16 hold i 2. division som henholdsvis nummer 12, 10 og 14. Den sidste placering betød nedrykning, og i 1984 var Skovbakken dermed tilbage i 3. division.

Allerede i sommeren 1981, da det stod klart, at Skovbakken ikke umiddelbart ville vende tilbage til 1. division, forlod Lars Lundkvist og Per Bech Andersen klubben til fordel for AGF, hvor de begge opnåede stor succes. Som erstatninger kom den senere landsholdsspiller *Frank Pingel* til Skovbakken i 1983, og samme år ankom også den tidligere landsholdsspiller og Europa Cup-vinder *Lars Bastrup* direkte fra Hamburger SV. Især den sidstnævnte blev en gevinst for klubben. Han var med 15 scoringer i forårssæsonen 1984 stærkt medvirkende til, at IK Skovbakken hurtigt vendte tilbage til 2. division. Lars Bastrup fortsatte imidlertid herefter sin karriere i Ikast FS og blev i 1985 topscorer i 1. division. I midten af 1980'erne indstillede flere af de trofaste spillere fra Skovbakkens guldalderhold definitivt karrieren, blandt andre Klaus Goeg, Ove Sass Hansen og Erik Bach Nielsen. Uden dem og Lars Bastrup og Frank Pingel på holdet rykkede IK Skovbakken i 1986 igen ned i 3. division. Her var det flere år i træk tæt på oprykning, uden at det dog lykkedes. Foruden de allerede omtalte spillere skal fra denne periode også målmanden *Steen Bech* og *Steen Refsgaard Olesen* med henholdsvis 235 og 201 førsteholdskampe nævnes.

I 1990 blev turneringsstrukturen lagt om, og selv om IK Skovbakken sluttede som nummer 7 af 14 hold, betød det nedrykning til Danmarksserien. Efter 16 sæsoner under DBU havde Skovbakken altså igen mistet sin status som divisionsklub.

Perioden fra 1980 til 1990 resulterede i 314 divisionskampe, der gav 132 sejre, 64 uafgjorte og 118 nederlag.

1991-2010: Kriseårenes 90 divisionskampe

Efter nedrykningen til Danmarksserien håbede man i Skovbakken selvfølgelig på et hurtigt comeback til divisionsfodbold, ligesom det var sket i 1974. Men med indførelsen af Superligaen i 1991 – og fra sommeren 1991 et fodboldår, der ikke længere følger kalenderåret, men begynder og slutter om sommeren – var tiderne blevet andre. Konkurrencen intensiveredes, og pengene fik stadig større magt i dansk fodbold.

År efter år glippede oprykningen, og samtidig blev Skovbakken overhalet af naboklubben Aarhus Fremad, der havde overtaget Riisvangen Stadion som sin hjemmebane. Aarhus Fremad nåede i 1997 op i Superligaen, mens Skovbakken stadig lå i Danmarksserien. Det var en fattig trøst, at Skovbakken i 1998-1999 genvandt sin status som 2. divisionsklub, for klubben formåede ikke at "bide sig fast", men rykkede snart ud igen. *Asbjørn Sennels*, den senere A-landsholdspiller og superligaprofil, optrådte som 19-årig på dette hold.

En plan om at fusionere Aarhus Fremad og IK Skovbakken til en ny storklub, FC Aarhus, løb ud i sandet, men resulterede i, at flere spillere, blandt andre *Tommy Bechmann* (søn af Henrik Bechmann), forlod Skovbakken til fordel for Aarhus Fremad/FC Aarhus. Klubben rykkede derfor – for første gang siden 1960 – ned i Jyllandsserien. I 2000 vendte *Lars Lundkvist*, 70'er-holdets gamle stjernespiller, tilbage til Skovbakken, nu tiltænkt rollen som træner og redningsmand. Ambitionen var, at Skovbakken hurtigst muligt igen skulle være divisionsklub. Det endte desværre galt. Lars Lundkvist var utilfreds med, at Skovbakken på kvindefronten i 2001 besluttede at fusionere med HEI for at satse på kvindefodbold på eliteplan. Lundkvist frygtede, at det ville tage økonomiske ressourcer fra herreholdet, og han forlod derfor Skovbakken og flyttede til Brabrand IF, der med ham som træner på få år rykkede op i 1. division. Skovbakken fortsatte derimod nedturen og var i 2003 nedgraderet til serie 1, den laveste placering siden 1952. Pludselig lå ikke færre end otte Aarhusklubber højere placeret end Skovbakken i hierarkiet. Krisen forekom endeløs og umulig at standse.

Netop som det så sortest ud, vendte udviklingen imidlertid. Langsomt men sikkert lykkedes det for IK Skovbakken at arbejde sig op gennem rækkerne igen, og i sommeren 2008 kronedes anstrengelserne med en tilbagevenden til 2. division. Samtidig var opturen for såvel Aarhus Fremad som Brabrand IF blevet vendt til en nedtur, så i sæsonen 2008/2009 mødte de tre klubber igen hinanden i 2. division vest. AGF's andethold sluttede sig oven i købet til det gode selskab, hvilket betød en række spændende aarhusianske lokalopgør. I første omgang faldt kappestriden ikke ud til Skovbakkens fordel. Klubben måtte på ny en tur ned i Danmarksserien i 2009/2010, men den vendte heldigvis under ledelse af den nye succestræner *Jakob Michelsen* straks i 2010 tilbage til 2. division for at genoptage dysten mod de lokale rivaler.

De tyve magre kriseår fra 1991 til 2010 resulterede kun i 90 divisionskampe, der gav 23 sejre, 17 uafgjorte og 50 nederlag.

Det skal i denne sammenhæng også nævnes, at IK Skovbakkens kvindesektion – i modsætning til, hvad Lars Lundkvist frygtede – har vist sig at være en stor gevinst for klubben. Det har givet ny dynamik og energi også til herrerne, at kvinderne på fornem vis har formået at vise vejen. Skovbakkens stærke kvindehold har flere gange vundet medaljer i Elitedivisionen (3F Ligaen). Den største triumf indtraf dog den 21. maj 2009, da IK Skovbakkens kvinder vandt DBU's landspokalturnering efter en nervepirrende 4-3 sejr over

Fortuna Hjørring i finalen, der blev spillet i Parken. Ovennævnte Jakob Michelsen var netop træner for dette kvindehold, inden han i foråret 2009 blev træner for herrernes førstehold.

21. maj 2009: Glade Skovbakken-kvinder med pokalen – et smukt syn!

2010-2015: Genrejst i 150 divisionskampe

IK Skovbakken vendte altså tilbage til 2. division i 2010 og denne gang med succes. Efterårssæsonen resulterede i 24 point, og Jakob Michelsen blev kåret som årets træner 2010 i 2.

division vest. Selv om han forlod klubben i vinterpausen for at blive cheftræner i Hobro IK, fortsatte holdet heldigvis de gode takter i foråret, der også indbragte 24 point. Skovbakken sluttede sæsonen på en flot 5. plads blandt divisionens 16 hold – med 48 point på kontoen.

Årene 2011 og 2012 blev dog noget turbulente, fordi IK Skovbakken i løbet af disse to år havde fire forskellige cheftrænere, der kun holdt hver i et halvt år. Sæsonen 2011-2012 resulterede i en godkendt 8. plads, efter at Skovbakken blandt andet havde besejret Aarhus Fremad med 3-0. Efterårssæsonen 2012 startede imidlertid uheldigt, og efter få måneder trak *Ole Brandenborg* sig som cheftræner. I stedet blev de to assistenttrænere *Michele Demontis* og *Poul Lyse* ansat som cheftrænerteam, og det bragte både ro og stabilitet til holdet. Under ledelse af disse to trænere har Skovbakken i de seneste tre år opnået store resultater, og de blev helt fortjent kåret som årets trænere 2014 i 2. division vest. IK

Skovbakken sluttede i 2013 på en 10. plads og i 2014 på en 8. plads. Pæne placeringer i betragtning af, at IK Skovbakken (på grund af fortidens dårlige erfaringer med betalt fodbold) har valgt ikke at søge status som licensklub og derfor heller ikke har spillere på kontrakt. Som amatørklub i en professionel fodboldverden må Skovbakken i stedet satse på kammeratskab og godt sammenhold. Et lille "frynsegode", der både fremmer kammeratskabet og den fysiske form, er dog den årlige træningstur til Tyrkiet i vinter-pausen.

6. oktober 2012: Skovbakken besejrer Blokhus FC 2-0

Sæsonen 2014-2015 blev en succesoplevelse, der for alvor bekræfter, at IK Skovbakken er genrejst som en faktor i aarhusiansk og dansk klubfodbold. På grund af den nye turneringsstruktur, der træder i kraft i sæsonen 2015-2016, skulle der i sommeren 2015 findes hele 11 nedrykkere i de to 2. divisioner tilsammen. Som amatørklub var IK Skovbakken af bookmakerne udråbt som sikker nedrykningskandidat. Spillerne ville det dog anderledes, og efter efterårssæsonen 2014 lå Skovbakken på en 4. plads med 26 point. De gode takter fortsatte i foråret, og holdet sluttede i juni 2015 på en 5. plads med 51 point – det højeste pointtal nogensinde i en enkelt sæson[3]. Det betyder, at IK Skovbakken i 2015 er placeret som nr. 34 blandt alle Danmarks fodboldklubber, hvilket er det bedste resultat siden 1989. Skovbakken er dermed den højest rangerede amatørklub i Danmark og kan derfor (med et

---

[3] Før 1995 gav en sejr 2 point, efter 1995 giver en sejr 3 point. Derfor er sæsonens samlede pointtal forholdsvis højere efter 1995.

glimt i øjet) kalde sig *uofficiel danmarksmester 2015 i amatørfodbold.* Samtidig kan Skovbakken for første gang i 22 år nu igen prale med at være det næstbedste herrefodboldhold i Aarhus. I DBU's landspokalturnering 2014-2015 nåede IK Skovbakken oven i købet som det eneste hold i Aarhus frem til 1/8 finalerne, hvor det efter forlænget spilletid blev til et knebent 1-2 neder- lag til Brøndby IF.

13. juni 2015: Jakob Rittig retter på krøllerne efter to mål mod Ringkøbing IF

Blandt profilerne på det genrejste Skovbakken- hold kan nævnes anføreren *Henrik Brodersen,* backen *Anders Daugbjerg,* midtbanespillerne *Mads Post* og *Kristoffer Bødker* samt ikke mindst topscoreren *Jakob Rittig,* der nærmer sig 250 førsteholdskampe. *Klaus Goeg,* en af profilerne på Skovbakkens guldalderhold, er sportschef, og trænerteamet *Michele Demontis* og *Poul Lyse* har forlænget deres kontrakt med klubben til 2017.

De fem genrejsningsår fra 2010 til 2015 resulterede i 150 divisionskampe, der gav 62 sejre, 33 uafgjorte og 55 nederlag.

Sæsonen 2015-2016: 30 nye kampe venter

Når efterårssæsonen i august 2015 begynder i 2. division, sker det med en helt ny struktur med 24 hold fordelt i tre kredse med otte hold i hver. Lige nu – i skrivende stund – har IK Skovbakken spillet 991 divisionskampe (396 sejre, 213 uafgjorte, 382 nederlag). Hvordan resultaterne af de første kampe i efteråret bliver, ligger (her i juli 2015) hen i det uvisse. Men i efterårssæsonens niende spillerunde, som er programsat til den 3. oktober

2015, spiller IK Skovbakken under alle omstændigheder sin divisionskamp nummer 1000. Et flot jubilæum, som kun 32 andre danske klubber har nået – og i Aarhus kun AGF. Også på dette punkt cementerer IK Skovbakken altså sin position på herresiden som byens fodboldklub nummer 2, ligesom den jo på kvindesiden længe har været nummer 1.

Ingen fodboldklub kan imidlertid hvile på laurbærrene. Det er altid den næste kamp, der er den vigtigste. Derfor hedder denne bog heller ikke *1000 dages eventyr*, men *1001 dags eventyr*, for nu gælder det kamp nummer 1001 – den første af de næste 1000 kampe...

Dansk fodbold bliver mere og mere professionel. Næsten alle divisionsklubberne er efterhånden licensklubber med kontraktspillere. Hvis der også i fremtiden skal spilles divisionsfodbold i en "fattig" breddeklub som IK Skovbakken, gælder det derfor (mere end nogensinde før) om at værne om de værdier, der ikke kan købes for penge. Gode, gamle dyder som kammeratskab og holdånd har altid været i højsædet i IK Skovbakken, og det vil de forhåbentlig vedblive at være i årene, der kommer. Som forsvarsspilleren *Anders Daugbjerg* skrev den 13. oktober 2014 på Skovbakkens hjemmeside: "I Skovbakken bliver der hverken kæmpet for penge eller drømmen om en kontrakt. Her kæmper man udelukkende for klubben, sine holdkammerater og kærligheden til spillet".

IK Skovbakkens fodboldafdeling har gennem alle årene været så heldig at have dygtige og engagerede ledere, bestyrelsesmedlemmer og trænere. Også støtteforeningen *Bakkens Venner* skal i denne forbindelse nævnes. Uden alle disse frivillige menneskers indsats var divisionskamp nummer 1000 aldrig blevet nået.

Efterskrift – skrevet af en ung fan

Jeg begyndte nok at holde med Skovbakken, fordi min far gør det. Jeg var kun 4 år gammel, da jeg i 2007 første gang så Skovbakken spille fodbold i en pokalkamp mod Vejle BK. Siden har jeg set holdet spille mange gange og er selv blevet fan af klubben.

Jeg har fundet ud af, at Skovbakken også har et rigtig godt basketballhold, og da jeg selv spiller basket, er det fedt at se *Bakken Bears* spille.

Det er sjovt at holde med Skovbakken, fordi jeg på den måde bliver lidt anderledes end dem, der støtter AGF. Jeg elsker at komme på Vejlby Stadion for at se Skovbakken spille og spise en grillpølse – byens bedste pølser. Det håber jeg at gøre i resten af mit liv, hvis jeg som voksen bliver boende i Aarhus. Jeg glæder mig til de næste 1000 divisionskampe.

Juli 2015, Silas Thaysen Kjær

Skovbakkens gamle slagsang

Melodi: I vor barndom vi hørte kartovernes brag

Vi er idrætsmænd her, og vi kommer med sang,
for det løfter vort sind og det letter vor gang.
Vi vil synge det ud af vort fuldeste bryst,
at vi dyrker vor idræt med liv og med lyst.
/: Vi får muskler og nerver af stål,
sund i sjæl og krop er idrættens mål.
Vi vil kæmpe på hæderlig vis;
æren, det er den sejrende pris. :/
Sammenhold skal følge vor vej,
hvad vi er, det glemmer vi ej.
Idrætsmænd med pletfri skjold,
som vil vogte og værne om SKOVBAKKENS navn.

Sigurd Jørgensen

Sammenhold giver sejr